Aleister Crowley

Aivass: Liber AL vel LEGIS

Das Buch des Gesetzes

Edward Alexander Crowley
Aivass: Liber AL vel LEGIS – Das Buch des Gesetzes
Herstellung und Verlag: Book on Demand, 2015,
Norderstedt
ISBN 9783738622546
Übersetzung: Roland Ionas Bialke
Herausgeber: Roland Ionas Bialke

Kontakt:

Roland Ionas Bialke
Reuterstrasse 99
12053 Berlin, Deutschland

Nuit

1. Had! Die Manifestation von Nuit.

2. Die Entschleierung der Gesellschaft des Himmels.

3. Jeder Mann und jede Frau ist ein Stern.

4. Jede Zahl ist unendlich; es gibt keinen Unterschied.

5. Hilf mir, o Kriegsherr von Theben, bei meiner Entschleierung vor den Kindern der Menschen!

6. Sei du Hadit, mein geheimes Zentrum, mein Herz & meine Zunge.

7. Siehe! Offenbart wird es durch Aiwass, den Botschafter von Hoor-Paar-Kraat.

8. Das Khabs ist in dem Khu, nicht das Khu in dem Khabs.

9. Verehret also das Khabs, und sehet mein Licht über euch ausgegossen.

10. Laßt meine Diener wenige sein & geheim: sie sollen die Vielen & die Bekannten regieren.

11. Diejenigen sind Narren, die Menschen anbeten; ihre Götter & auch ihre Menschen sind Narren.

12. Kommt hervor, o Kinder, unter die Sterne & nehmt eure Fülle der Liebe!

13. Ich bin über euch und in euch. Meine Ekstase ist in der euren. Meine Freude ist (es), eure Freude zu sehen.

14. Oben ist das Azur edelsteingeschmückt die nackte Pracht von Nuit. In Ekstase herab sie sich bückt zu küssen die geheime Glut von Hadit. Die Flügelkugel, das sternenhafte Blau sind mein, o Ankh-af-na-khonsu!

15. Nun sollt ihr wissen, daß der erwählte Priester & Apostel des unendlichen Raumes der Prinz-Priester das Tier ist; und in seine Frau, Scharlach-Frau genannt, ist alle Macht gegeben. Sie sollen meine Kinder in ihre Herde sammeln: sie sollen den Strahlenglanz der Sterne in die Herzen der Menschen bringen.

16.   Denn er ist immer eine Sonne und sie ein Mond. Sein aber ist das geflügelte geheime Feuer, und ihr das gebeugte Sternenlicht.

17. Aber ihr seid nicht so auserwählt.

18. Brenne auf ihrer Stirne, o schimmernde Schlange!

19. O azur-lidrige Frau, beuge dich über sie!

20. Der Schlüssel zu den Ritualen liegt in dem geheimen Wort, welches ich ihm gegeben habe.

21. Für den Gott & den Anbeter bin ich nichts: sie sehen mich nicht. Sie sind gleichsam auf der Erde; ich bin der Himmel, und da gibt es keinen anderen Gott außer mir und meinem Herrn Hadit.

22. Nun, deshalb bin ich euch bei meinem Namen Nuit bekannt, und ihm bei einem geheimen Namen, den ich ihm nennen werde, wenn er mich endlich kennt. Da ich der Unendliche Raum bin, und die Unendlichen Sterne darin, tuet ihr desgleichen. Bindet nichts! Es soll kein Unterschied unter euch gemacht werden zwischen einem Ding & irgendeinem anderen Ding; denn dadurch kommet Schmerz.

23. Aber wer immer darin besteht, der soll das Oberhaupt von allen sein!

24. Ich bin Nuit, und mein Wort ist sechs und fünfzig.

25. Teile, addiere, multipliziere und verstehe.

26. Alsdann spricht der Priester und Sklave der Schönen: Wer bin ich, und welches soll das Zeichen sein? Also antwortete sie ihm, sich herabneigend, eine züngelnde Flamme in Blau, all-berührend, alles durchdringend, ihre lieblichen Hände auf der schwarzen Erde, & ihr schmiegsamer Leib zur Liebe gebeugt, und ihre sanften Füße verletzten die kleinen Blumen nicht: Du weißt! Und das Zeichen soll meine Ekstase sein, das Bewußtsein um die ewige Fortdauer des Seins, die Allgegenwart meines Leibes.

27. Darauf antwortete der Priester & sprach zu der Königin des Raumes, ihre holde Stirn küssend, und der Tau ihres Lichtes badete seinen ganzen Leib in süß-riechenden Schweißes Duft: O Nuit, Ewigwährende des Himmels, immer soll es so sein; daß die Menschen nicht von Dir als Eine sprechen, sondern als Keine; und laß sie überhaupt nicht von dir sprechen, denn du bist immerwährend.

28. Keins, hauchte das Licht, fein und feenhaft, der Sterne, und zwei.

29. Denn ich bin geteilt um der Liebe willen, für die Möglichkeit der Vereinigung.

30. Dies ist die Schöpfung der Welt, daß der Schmerz der Teilung wie nichts ist, und die Freude der Auflösung alles.

31. Um diese Narren von Menschen und ihr Wehleid kümmere du dich nicht! Sie fühlen wenig; was ist, wird durch schwache Freuden aufgewogen; aber ihr seid meine Auserwählten.

32. Gehorcht meinem Propheten! Befolgt die Prüfungen meines Wissens! Suchet mich allein! Dann werden euch die Freuden meiner Liebe von aller Pein erlösen. Dies ist so: ich schwöre es beim Gewölbe meines Leibes; bei meinem heiligen Herzen und Zunge; bei allem, was ich zu geben vermag, bei allem, was ich von euch allen begehre.

33. Darauf fiel der Priester in eine tiefe Trance oder Ohnmacht & sprach zur Königin des Himmels; Schreib für uns die Prüfungen, schreib für uns die Rituale; schreib für uns das Gesetz!

34. Aber sie sagte: die Prüfungen schreibe ich nicht: die Rituale sollen zur Hälfte bekannt sein und zur Hälfte verborgen: das Gesetz ist für alle.

35. Dies, das du da schreibst, ist das dreifache Buch des Gesetzes.

36. Mein Schreiber Ankh-af-na-khonsu, der Priester der Prinzen, soll dies Buch nicht um einen Buchstaben verändern; aber damit nicht Narrheit entstehe, soll er es nach der Weisheit von Ra-Hoor-Khu-it kommentieren.

37. Ferner die Mantras und Zauber(-sprüche); das Obeah und das Wanga; das Werk des Stabes und das Werk des Schwertes; diese soll er lernen und lehren.

38. Er muß lehren; doch die Prüfungen darf er schwer machen.

39. Das Wort des Gesetzes ist .

40. Wer uns Thelemiten nennt, geht nicht fehl darin, so er sich das Wort nur genau betrachtet. Denn darin sind Drei Grade, der Einsiedler, und der Liebende, und der Mensch der Erde. Tu was du willst, soll sein das Ganze des Gesetzes.

41. Das Wort der Sünde ist Begrenzung. O Mann! Weise dein Weib nicht zurück, wenn sie will! O Liebhaber, wenn du willst, scheide! Es gibt kein Band, das die Getrennten zu vereinen vermag, außer der Liebe: alles andere ist ein Fluch. Verflucht! Verflucht sei es auf die Äonen! Hölle.

42. Laß (es) den Zustand der Vielheit sein, gebunden und in Abscheu. So mit all deinem; du hast kein Recht, außer deinen Willen zu tun.

43. Tu dies, und keiner soll nein sagen.

44. Denn reiner Wille, unbefleckt von Zweck, erlöst vom Gelüst nach Ergebnis, ist in jeder Weise vollkommen.

45. Das Vollkommene und das Vollkommene sind ein Vollkommenes und nicht zwei; nein, sind keins!

46. Nichts ist ein geheimer Schlüssel dieses Gesetzes. Ein-und-sechzig nennen ihn die Juden, ich nenne ihn acht, achtzig, vier hundert & achtzehn.

47. Aber sie haben die Hälfte: vereinige durch deine Kunst, auf daß alles verschwinde.

48. Mein Prophet ist ein Narr mit seinem eins, eins, eins: sind nicht sie der Ochse, und keins nach dem Buch?

49. Aufgehoben sind alle Rituale, alle (göttlichen) Prüfungen, alle Worte und Zeichen. Ra-Hoor-Khuit hat seinen Sitz im Osten zur Äquinox der Götter eingenommen; und Asar soll mit Isa sein, die ebenfalls eins sind. Aber sie sind nicht von mir. Laß Asar den Verehrer sein, Isa die Duldende; Hoor in seinem geheimen Namen und Glanz ist der einweihende Herr.

50. Ein Wort ist da zu sagen zum Hierophantischen Amte. Siehe! drei Prüfungen gibt es in einer, und sie mag auf dreierlei Weise gestellt werden: Die Groben müssen durch das Feuer gehen; die Feinen sollen im Intellekt geprüft werden, und die erhabenen Auserwählten im Höchsten. Also habt ihr Stern & Stern, System & System; nicht eines soll das andere gut kennen!

51. Da sind vier Tore zu einem Palast; der Boden dieses Palastes ist aus Silber und Gold; Lapis Lazuli & Jaspis gibt es dort; und alle seltenen Wohlgerüche; Jasmin & Rose und die Embleme des Todes. Mag er die vier Tore nach einander oder auf einmal durchschreiten; auf dem Boden des Palastes soll er stehen. Wird er nicht sinken? Amn. Ho! Krieger, wenn dein Diener sinkt? Doch es gibt Mittel und Mittel. Seid stattlich deshalb: Euch alle kleidet in feine Gewänder; eßt deftige Speisen und trinkt süße Weine und Weine die schäumen! Auch erfüllt euch im

Willen zur Liebe wie ihr wollt, wann, wo und mit wem ihr wollt! Aber immer zu mir.

52. Wenn dies nicht recht geschieht; wenn ihr die Raumzeichen verkennt und dabei sagt: Sie sind eins, oder sagt, Sie sind viele; wenn das Ritual nicht immer zu mir ist: dann erwartet die schrecklichen Urteilssprüche von Ra-Hoor-Khuit!

53. Dies soll die Welt erneuern, die kleine Welt meine Schwester, mein Herz & meine Zunge, denen diesen Kuss ich sende. Zudem, o Schreiber und Prophet, auch wenn du zu den Prinzen gehörst, soll dies dich weder mäßigen noch erlösen. Gleichwohl sei Ekstase dein und Freude auf Erden: Immer Zu mir! Zu mir!

54. Ändere nicht soviel wie die Form eines Buchstabens; denn siehe! du, o Prophet, wirst nicht all die Mysterien schauen, die darin verborgen sind.

55. Das Kind deines Leibes, er wird sie schauen.

56. Erwarte ihn nicht aus dem Osten, noch aus dem Westen; denn aus keinem vermuteten Haus kommet dieses Kind. Aum! Alle Worte sind heilig und alle Propheten wahr; ausgenommen nur, daß sie ein wenig verstehen; löse die erste Hälfte der Gleichung, die zweite greife nicht an. Doch du hast alles in klarem Lichte, und einiges, gleichwohl nicht alles, im Dunkeln.

57. Rufet mich an unter meinen Sternen! Liebe ist das Gesetz, Liebe unter Willen. Auch sollen die Narren die Liebe nicht verwechseln; denn es gibt Liebe und Liebe. Es gibt die Taube, und es gibt die Schlange. Wählet gut! Er, mein Prophet, hat gewählt, denn er weiß um das Gesetz der Festung und um das große Mysterium vom Hause Gottes.

All diese alten Buchstaben meines Buches sind richtig; aber ist nicht der Stern. Auch dies ist ein Geheimnis: mein Prophet soll es den Weisen offenbaren.

58. Unvorstellbare Freuden gebe ich auf Erden: Gewißheit, nicht Glauben, während des Lebens, um den Tod: unaussprechlichen Frieden, Ruhe, Ekstase; auch verlange ich nichts an Opfer.

59. Mein Weihrauch besteht aus harzigen Hölzern und Harzen; und es ist kein Blut darin: weil aus meinem Haar die Bäume der Ewigkeit (sind).

60. Meine Zahl ist 11, wie die Zahl all jener, die zu uns gehören. Der Fünf-Strahlige Stern, mit einem Kreis in der Mitte, & der Kreis ist Rot. Meine Farbe ist schwarz für die Blinden, das Blau und Gold aber sind für die Sehenden zu sehen. Auch habe ich eine geheime Pracht für sie, die mich lieben.

61. Aber mich zu lieben ist besser als alle Dinge: wenn du sodann unter den Nacht-Sternen in der Wüste meinen Weihrauch vor mir verbrennst, mich dabei mit reinem Herzen anrufst, und das Schlangenfeuer darin, sollst du ein Weilchen an meinem Busen ruhen. Für einen Kuss wirst du dann alles geben wollen; aber wer auch nur ein Körnchen vom Staube gibt, wird in jener Stunde alles verlieren. Güter sollt ihr euch zusammentragen und vielerlei Frauen und Gewürze; prachtvolle Juwelen sollt ihr tragen; die Völker der Erde sollt ihr an Pracht & Stolz übertreffen; aber immer in der Liebe zu mir, und auf diese Weise sollt ihr zu meiner Freude gelangen. Wohl weise ich euch an, in einer einteiligen Robe vor mich zu treten, und bedeckt mit einem prächtigen Kopfschmuck. Ich liebe euch! Ich sehne mich nach euch! Bleich oder purpurn, verschleiert oder lustvoll, ich, die ich alle Wonne und Purpur bin, und Trunkenheit des innersten Sinnes, begehre euch. Legt an die Schwingen, und erweckt die eingerollte Herrlichkeit in euch: kommt zu mir!

62. Bei all meinen Treffen mit euch soll die Priesterin sagen -- und ihre Augen sollen begehrlich brennen, wie sie da nackt und frohlockend in meinem geheimen Tempel steht -- Zu mir! Zu mir! Das Feuer im Herzen aller dabei in ihrem Liebesgesang erweckend.

63. Singt mir das leidenschaftliche Liebeslied! Verbrennt Duftstoffe für mich! Tragt Juwelen für mich! Trinkt mir zu, denn ich liebe euch! Ich liebe euch!

64. Ich bin die blau-lidrige Tochter des Sonnenuntergangs; ich bin die nackte Strahlenpracht des wollüstigen Nachthimmels.

65. Zu mir! Zu mir!

66. Die Manifestation der Nuit ist zu Ende.

Hadit

1. Nu! das Verbergen von Hadit.

2. Kommt! ihr alle, und vernehmt das Geheimnis, das bislang noch nicht offenbart worden. Ich, Hadit, bin die Ergänzung von Nu, meiner Braut. Ich bin nicht ausgedehnt, und Khabs ist der Name meines Hauses.

3. In der Sphäre bin ich überall das Zentrum, so wie sie, der Umfang, nirgends zu finden ist.

4. Dennoch soll sie erkannt sein & ich niemals.

5. Siehe! die Rituale der alten Zeit sind schwarz. Die schlechten sollen verworfen werden; die guten sollen gereinigt sein durch den Propheten! Dann wird dieses Wissen das rechte werden.

6. Ich bin das Feuer, das in einem jeden Menschenherzen brennt, und im Kern eines jeden Sterns. Ich bin das Leben und der Geber des Lebens, doch darum ist das Wissen um mich das Wissen um den Tod.

7. Ich bin der Magier und der Exorzist. Ich bin die Achse des Rades und der Würfel im Kreis. "Kommet zu mir" ist ein törichtes Wort: denn ich bin es, der geht.

8. Die Hoor-pa-kraath anbeteten, haben mich angebetet; falsch, denn ich bin der Anbeter.

9. Bedenkt ihr alle, daß das Dasein reine Freude ist; daß all die Sorgen nichts als Schatten sind; sie ziehen vorbei & sind getan; aber da ist das, was bleibt.

10. O Prophet! mit Widerwillen vernimmst du diese Schrift.

11. Ich sehe dich die Hand & den Stift hassen; ich aber bin stärker.

12. Wegen mir in dir, den du nicht kanntest.

13. weshalb dies? Weil du der Wissende warst und ich.

14. Nun laß diesen Schrein verhüllt sein; nun soll das Licht die Menschen verschlingen und sie mit Blindheit verzehren!

15. Denn ich bin vollkommen, da ich Nicht bin; und meine Zahl ist neun für die Narren; für die Gerechten aber bin ich acht, und eins in acht: Was lebenswichtig ist, denn wahrlich bin ich keins. Die Kaiserin und der König sind nicht von mir; denn da gibt es ein weiteres Geheimnis.

16. Ich bin Die Kaiserin & der Hierophant. Somit elf, wie auch meine Braut elf ist.

17. Hört mich, ihr seufzenden Leute! Die Leiden von Schmerz und Gram sind nur für die Toten und die Sterbenden. Das Volk, das mich noch immer nicht kennt.

18. Sie sind tot, diese Leute: sie fühlen nicht. Wir sind nicht für die Armen und Bekümmerten: die Herren der Erde sind unsere Sippe.

19. Soll ein Gott in einem Hunde leben? Nein! Nur die Höchsten sind von uns. Frohlocken werden sie, unsere Auserwählten: wer trauert, ist nicht von uns.

20. Schönheit und Stärke, perlendes Lachen und köstliches Ermatten, Kraft und Feuer, gehören zu uns.

21. Nichts haben wir gemein mit den Ausgestoßenen und den Jämmerlichen: Sollen sie in ihrem Elend sterben. Denn sie fühlen nicht. Mitleid ist das Laster der Könige:

Tretet nieder die Jämmerlichen & die Schwachen: dies ist das Gesetz der Starken: dies ist unser Gesetz und die Freude der Welt: denke nicht nach, o König, über diese Lüge: Daß Du Sterben Mußt: wahrlich, nicht sterben wirst du, sondern leben. Also muß es verstanden sein: Wenn der Leib des Königs vergeht, wird er in reiner Ekstase in alle Ewigkeit bestehen. Nuit! Hadit! Ra-Hoor-Khuit! Die Sonne, Stärke & Sicht, Licht: diese sind für die Diener des Sterns & der Schlange.

22. Ich bin die Schlange, die Wissen & Entzücken und strahlende Pracht schenkt und die Herzen der Menschen mit Trunkenheit schürt. Um mich zu verehren nehmet Wein und seltene Drogen, davon ich meinem Propheten berichten will, & seid berauscht davon! Sie werden euch in keinster Weise schaden. Sie ist eine Lüge, diese Torheit wider das Selbst. Die Zurschaustellung von Unschuld ist eine Lüge. Sei stark, o Mensch! begehre, genieße alle Dinge der Sinne und Wonne; fürchte nicht, daß irgendein Gott dich deshalb verleugne.

23. Ich bin allein; es gibt keinen Gott, wo ich bin.

24. Siehe! diese sind tiefe Mysterien; denn es gibt auch diejenigen unter meinen Freunden, welche wohl Einsiedler sind. Aber glaubet nicht, ihr fändet sie im Walde oder auf dem Berge; sondern in den Betten von Purpur, zärtlich verwöhnt von wundervollen Frauenbiestern mit langen Gliedern, und Feuer und Licht in ihren Augen, und Massen flammenden Haars um sie herum: dort werdet ihr sie finden. Ihr findet sie vor als

Richtmaß, unter siegreichen Armeen, bei all der Freude; und in ihnen wird es da eine Freude geben millionenfach stärker als diese. Gebt acht, daß nicht einer den anderen zwinge, König gegen König! Liebt euch mit brennenden Herzen; über die niederen Menschen stampft hinweg im wilden Gelüst eures Stolzes, am Tage eures Zorns.

25. Ihr seid gegen das Volk, o meine Auserwählten!

26. Ich bin die geheime Schlange, eingerollt, zum Sprung bereit: in meinen Windungen liegt Freude. Wenn ich mein Haupt erhebe, sind ich und meine Nuit eins. Wenn ich mein Haupt senke und Gift verspritze, dann ist die Wonne der Erde, und ich und die Erde sind eins.

27. Es liegt eine große Gefahr in mir, denn wer diese Runen nicht versteht, wird einem großen Irrtum verfallen. Hinab in die Grube namens Weil wird er stürzen, und dort wird er umkommen mit den Hunden der Vernunft.

28. Nun einen Fluch auf Weil und seine Sippe!

29. Weil soll verflucht sein in alle Ewigkeit!

30. Wenn Wille hält und schreit Warum, und damit Weil beschwört, dann steht der Wille still und tut nichts.

31. Fragt Macht Warum, so ist Macht Schwäche.

32. Auch Vernunft ist eine Lüge, denn da gibt es einen Faktor unbekannt & unendlich; & all ihre Worte sind verdreht.

33. Genug von Weil! Sei er verdammt einem Hunde gleich!

34. Ihr aber, o mein Volk, erhebt euch & erwachet!

35. Die Rituale mögen recht ausgeführt sein mit Freude & Schönheit!

36. Es gibt Rituale der Elemente und Feste der Zeiten.

37. Ein Fest für die erste Nacht des Propheten und seine Braut!

38. Ein Fest für die drei Tage der Niederschrift vom Buch des Gesetzes.

39. Ein Fest für Tahuti und das Kind des Propheten -- geheim, O Prophet!

40. Ein Fest für das Höchste Ritual, und ein Fest für die Äquinox der Götter!

41. Ein Fest für das Feuer und ein Fest für das Wasser; ein Fest für das Leben, und ein größeres Fest für den Tod!

42. Ein Fest jeden Tag in euren Herzen in der Freude meiner Wonne!

43. Ein Fest jede Nacht für Nu, und den Sinnengenuß der höchsten Wonne.

44. Ja! Feiert! Frohlockt! Es gibt keinen Schrecken danach. Die Auflösung geschieht darin, und ewige Ekstase in den Küssen von Nu.

45. Den Tod gibt es für die Hunde.

46. Versagst du? Bist du bekümmert? Herrscht Furcht in deinem Herzen?

47. Wo ich bin, sind sie nicht.

48. Bemitleide nicht die Gefallenen! Ich habe sie nie gekannt. Ich bin nicht für sie. Ich tröste nicht: Ich hasse den Getrösteten & den Tröster.

49. Ich bin einzigartig & Eroberer. Ich gehöre nicht zu den Sklaven, die vergehen. Sollen sie verdammt & tot sein! Amen. (Dies gehört zu den 4: da gibt es ein fünftes, welches unsichtbar ist, & darin bin ich als ein Säugling in einem Ei.)

50. Blau bin ich und golden im Lichte meiner Braut: aber der rote Glanz liegt in meinen Augen; & mein Glitzern ist purpurn & grün.

51. Purpur jenseits von Purpur: es ist das Licht, das die Kraft der Augen übersteigt.

52. Da gibt es einen Schleier: jener Schleier ist schwarz. Es ist der Schleier der züchtigen Frau; es ist der Schleier des Leides, & das Bahrtuch des Todes; dieser gehört nicht zu den meinen. Reiße es herunter, dieses Lügengespinst der Jahrhunderte: verschleiert eure Laster nicht mit tugendhaften Worten: diese Laster stehen in meinem Dienst: macht es recht, & ich werde euch hier und hernach belohnen.

53. Fürchte dich nicht, o Prophet, wenn diese Worte ausgesprochen sind, du sollst es nicht bedauern. Du bist ganz gewiß mein Auserwählter; und gesegnet sind die Augen, auf die mit Freude dein Blick fallen mag. Doch werde ich dich hinter einer Maske des Kummers verbergen; die dich sehen, sollen fürchten, du seiest gefallen: gleichwohl, ich werde dich aufheben.

54. Auch jene, die ihre Torheit laut verkünden, du geltest nichts, sollen nicht bestehen; du sollst es offenbaren: du bestehst: sie sind die Sklaven von weil: Sie gehören nicht zu mir. Die Satzzeichen wie du willst; die Buchstaben? ändere sie nicht in Stil noch Wert!

55. Du wirst die Ordnung & Werte des Englischen Alphabets erhalten; du sollst neue Symbole finden, sie dort zuzuordnen.

56. Hinfort! ihr Spötter; selbst da ihr mir zu Ehren lacht, werdet ihr doch nicht lange lachen: wenn ihr alsdann traurig seid, so wißt, ich habe euch verlassen.

57. Wer rechtschaffen ist, soll rechtschaffen sein fortan; wer nichtswürdig ist, soll nichtswürdig sein fortan.

58. Ja! Rechnet nicht mit Veränderung: ihr werdet sein, wie ihr seid, & nichts anders. Somit werden die Könige der Erde auf ewig die Könige sein: die Sklaven sollen dienen. Es gibt niemanden, der gestürzt noch erhoben

wird: alles ist immer, wie es war. Doch es gibt Maskierte, meine Diener: es mag sein, daß jener Bettler dort ein König ist. Ein König vermag sein Gewand zu wählen wie er will: es gibt keine sichere Probe: ein Bettler aber kann seine Armut nicht verbergen.

59. Gebt also acht! Liebt alle, falls da vielleicht ein König verborgen ist! Sprichst du so? Narr! Wenn er ein König ist, kannst du ihn nicht verletzen.

60. Deshalb schlage hart & tief, und zur Hölle mit ihnen, herrsche!

61. Ein Licht ist da vor deinen Augen, o Prophet, ein Licht unbegehrt, höchst begehrenswert.

62.Ich bin in deinem Herzen erhoben; und die Küsse der Sterne regnen hart auf deinen Leib.

63. Erschöpft bist du in der wollüstigen Fülle des Einatmens; das Ausatmen ist süßer als der Tod, schneller und heiterer als eine Liebkosung vom Wurme der Hölle selbst.

64. Oh! Überwältigt bist du; wir sind auf dir; unsere Wonne ist all über dir: heil! heil! Prophet von Nu! Prophet von Had! Prophet von Ra-Hoor-Khu! Jetzt frohlocke! jetzt komm in unsere Pracht & Wonne! Komm in unseren

leidenschaftlichen Frieden, & schreib süße Worte für die Könige!

65. Ich bin der Herr: du bist der Heilige Auserwählte.

66. Schreibe, & finde Ekstase im Schreiben! Arbeite, & sei unser Bett im Arbeiten! Erbebe mit der Freude über Leben & Tod! Ah! dein Tod wird köstlich sein: wer immer ihn schaut, wird glücklich sein. Dein Tod soll das Siegel des Gelöbnisses unserer uralten Liebe sein. Komm! Erhebe dein Herz & frohlocke! Wir sind eins; wir sind keins.

67. Halt! Halt! Halte stand in deinem Entzücken; fall nicht in Ohnmacht ob der köstlichen Küsse!

68. Stärker! Halte dich aufrecht! Erhebe dein Haupt! atme nicht so tief - stirb!

69. Ah! Ah! Was fühle ich? Ist das Wort erschöpft?

70. Da liegt Hilfe & Hoffnung in anderen Zaubern. Weisheit sagt: sei stark! Dann kannst du mehr Freude ertragen. Sei nicht tierisch, verfeinere deine Genüsse! Wenn du trinkst, trinke nach den acht und neunzig Regeln der Kunst: wenn du liebst, übertriff an Zartheit, und wenn du etwas Freudiges tust, laß Feinheit darin sein.

71. Doch übertriff! Übertriff!

72. Strebe stets nach mehr! und wenn du wahrhaft mein bist -- und zweifle nicht daran, und wenn du stets freudvoll bist! -- ist der Tod die Krone von allem.

73. Ah! Ah! Tod! Tod! du sollst dich nach dem Tod sehnen. Tod ist dir, o Mensch, verboten.

74. Die Dauer deines Sehnens wird zur Stärke seiner Pracht. Er, der lange lebt & sich sehr nach dem Tode sehnt, ist immer der König unter den Königen.

75. Wahrlich! Vernimm die Zahlen & die Worte:

76. 4 6 3 8 A B K 24 A L G M O R 3 Y X 24 89 R P S T O V A L. Was bedeutet dies, o Prophet? Du weißt es nicht, noch sollst du es jemals erfahren. Da kommt einer, dir nachzufolgen: er soll es deuten. Doch denke daran, o Auserwählter, ich zu sein, der Liebe von Nu im Sternen-erleuchteten Himmel zu folgen; Ausschau zu halten nach Menschen, ihnen dieses frohe Wort zu künden.

77. O sei du stolz und mächtig unter den Menschen!

78. Erhebe dich! denn unter Menschen oder unter Göttern ist niemand dir gleich! Erhebe dich, o mein Prophet, deine Gestalt soll die Sterne überragen. Sie werden deinen Namen verehren, vierfach, mystisch, wundervoll, die Zahl des Menschen; und den Namen deines Hauses 418.

79. Das Ende von Hadits Verbergen; und Segen & Verehrung dem Propheten des lieblichen Sterns!

Ra-Hoor-Khuit

1. Abrahadabra! Der Lohn von Ra Hoor Khut.

2. Spaltung ist hier im Inneren; es gibt ein unbekanntes Wort. Zauber sprechen (Rechtschreibung) ist veraltet; alles ist nicht irgendetwas. Gib acht! Halt! Wirke den Zauber von Ra-Hoor-Khuit!

3. Nun muß zuerst verstanden sein, daß ich ein Gott des Krieges & der Rache bin. Hart werde ich mit ihnen verfahren.

4. Wählet euch eine Insel!

5. Befestigt sie!

6. Düngt sie ringsum mit Kriegsgerät!

7. Eine Kriegsmaschine will ich euch geben.

8. Damit werdet ihr die Völker schlagen; und niemand soll vor euch bestehen.

9. Lauert auf! Zieht euch zurück! Auf sie! dies ist das Gesetz der Eroberungs-Schlacht: solcherart soll die Verehrung um mein geheimes Haus sein.

10. Erlange die Stele der Offenbarung selbst; stelle sie in deinen geheimen Tempel -- und dieser Tempel ist bereits recht angelegt -- und er soll deine Kiblah sein für immer. Sie wird nicht verblassen, sondern wundersame Farbe wird Tag um Tag zu ihr zurückkehren. Schließe sie ein in sicheres Glas als ein Beweis für die Welt.

11. Dies soll dein einziger Beweis sein. Ich verbiete Wortstreit. Erobere! Das ist genug. Ich will dir die Ablösung aus dem schlecht geordneten Haus in der Siegreichen Stadt leicht machen. Du selbst sollst sie in Anbetung begleiten, o Prophet, auch wenn es dir nicht gefällt. In Gefahr & Bedrängnis wirst du geraten. Ra-Hoor-Khu ist mit dir. Verehre mich mit Feuer & Blut; verehre mich mit Schwertern & mit Speeren. Die Frau soll mit einem Schwert gegürtet vor mich treten: Blut soll in meinem Namen fließen. Stampfe nieder die Barbaren; komm über sie, o Krieger, ich will dir ihr Fleisch zu essen geben.

12. Opfere Vieh, klein & groß: nach einem Kind.

13. Aber nicht jetzt.

14. Ihr werdet jene Stunde erleben, o gesegnetes Tier, und du, die Scharlachrote Konkubine seines Begehrens.

15. Ihr werdet traurig darüber sein.

16. Erwartet nicht zu begierig die Erfüllung der Versprechen; fürchtet nicht, die Flüche zu ertragen. Ihr, selbst ihr, erkennt den Sinn nicht ganz.

17. Fürchtet überhaupt nicht; fürchtet weder Menschen, noch Schicksale, noch Götter, noch sonst irgendetwas. Geld fürchtet nicht, auch nicht das Gelächter des törichten Volks, noch irgendeine andere Macht im Himmel oder auf Erden oder unter der Erde. Nu ist eure Zuflucht wie Hadit euer Licht ist; und ich bin die Stärke, Kraft, Macht eurer Arme.

18. Erbarmen laßt beiseite: verdammt die, die Mitleid haben! Tötet und foltert; verschont nicht; kommt über sie!

19. Jene Stele werden sie den Greuel der Trostlosigkeit nennen: zähle wohl ihren Namen, & er soll für dich wie 418 sein.

20. Weshalb? Wegen des Falls von Weil, auf daß er nicht

mehr da ist.

21. Mein Bildnis errichte im Osten: ein Bildnis sollst du dir erwerben, das ich dir zeigen werde, ein besonderes, nicht unähnlich dem, das du kennst. Und plötzlich wird es für dich leicht sein, dies zu tun.

22. Die anderen Bildnisse gruppiere um mich herum, mich zu unterstützen; alle sollen sie verehrt werden, denn sie werden sich scharen, um mich zu erhöhen. Ich bin das sichtbare Objekt der Verehrung; die anderen sind geheim; für das Tier & seine Braut sind sie, und für die, welche die Prüfung x bestehen. Was das ist? Du wirst es wissen.

23. Als Duftstoff mische Mehl & Honig & dickflüssigen Bodensatz roten Weins: dann das Öl des Abramelin und Olivenöl, hernach mach es weich und glätte es mit vollem frischem Blut.

24. Das beste Blut ist das des Mondes, monatlich: dann das frische Blut eines Kindes, oder Tropfen vom Meßopfer des Himmels; dann das von Feinden; dann das des Priesters oder der Anbeter; schließlich das irgendeines Tieres, gleich von welchem.

25. Dies erhitze: daraus mache Kuchen & iß sie für mich. Dies hat noch einen anderen Nutzen; es soll vor mich hingelegt und durch die Düfte eures Gebetes gestärkt

aufbewahrt werden: es soll gleichsam voller Käfer werden und kriechenden Dingen, mir heilig.

26. Diese töte, dabei deine Feinde nennend; & sie werden vor dir fallen.

27. Auch werden sie in euch Lust & die Kraft der Lust erwecken, so ihr davon eßt.

28. Auch im Krieg sollt ihr stark sein.

29. Überdies, sind sie lange aufbewahrt, so ist es besser; denn sie schwellen an mit meiner Kraft. Alle vor mir.

30. Mein Altar besteht aus unverhüllter Messingarbeit; verbrennet darauf in Silber oder Gold.

31. Da kommt ein reicher Mann aus dem Westen, der sein Gold über dich schütten wird.

32. Aus Gold schmiede Stahl!

33. Sei bereit, zu fliehen oder zuzuschlagen!

34. Aber dein heiliger Platz wird unberührt sein über die Jahrhunderte hinweg: auch wenn er mit Feuer und Schwert niedergebrannt & zerstört wird, steht da doch ein unsichtbares Haus, und es wird stehen bis zum Anbruch jener Großen Äquinox; wenn Hrumachis sich erheben wird und der mit dem Doppelstab meinen Thron und Platz einnimmt. Ein anderer Prophet wird sich erheben und neue Erregung von den Himmeln bringen, eine andere Frau wird die Lust & Verehrung der Schlange erwecken; eine andere Seele von Gott und Tier wird sich mit der des Priesters des Erdballs vermischen; ein anderes Opfer wird das Grab beflecken; ein anderer König wird herrschen; und der Segen wird nicht länger fließen Dem Falkenköpfigen mystischen Herrn!

35. Die Hälfte des Wortes von Heru-ra-ha genannt Hoor-pa-kraat und Ra-Hoor-Khut.

36. Dann sprach der Prophet zu dem Gott:

37. Ich verehre dich in dem Lied --

Ich bin der Herr von Theben, und ich
Der inspirierte Künder von Mentu;
Für mich entschleiert sich der verhangene Himmel,
Der selbst-erschlagene Ankh-af-na-khonsu,
Dessen Worte Wahrheit sind. Ich rufe an, grüße im Lied
Deine Gegenwart, O Ra-Hoor-Khuit!

Einheit im Höchsten gezeigt!
Ich verehre Deines Atems Gewalt
Höchster und Schrecklicher Gott,
Der Du die Götter und des Todes Gestalt
Vor Dir erzittern läßt: --
Ich, ich verehre dich!

Erscheine auf dem Thron von Ra!
Öffne die Wege des Khu!
Erhelle die Wege des Ka!
Die Wege des Khabs durchlaufe du
Mich zu erregen oder zu beruhigen!
Aum! möge es mich erfüllen!

38. Auf daß dein Licht in mir sei; und seine rote Flamme
sei gleich einem Schwert in meiner Hand, deine Ordnung
voranzutreiben. Eine geheime Pforte ist es, die ich
schaffen will, um deinen Pfad allüberall zu bereiten, (dies
sind die Anbetungen, wie du sie schriebst), so wie es
gesagt wird:

Das Licht ist mein; seine Strahlen verzehren
Mich: Ich habe geschaffen ein geheimes Tor
In das Haus von Ra und Tum
Von Kephra und von Ahathoor.
Ich bin dein Thebaner, O Mentu
Der Prophet Ankh-af-na-khonsu.

Bei Bes-na-Maut schlag ich meine Brust;
Beim weisen Ta-Nech web ich meinen Spruch.
Zeige deine Sternenpracht, O Nuit!
Heiß mich in deinem Haus zu wohnen,
O Flügelschlange des Lichtes, Hadit!

Bleibe bei mir, Ra-Hoor-Khuit!

39. All dies und ein Buch zu sagen, wie hierher du kamst, und ein Abdruck dieser Tinte und Papiers auf ewig -- denn darin befindet sich das geheime Wort, & nicht nur auf Englisch -- und es soll dein Kommentar zu diesem, dem Buch des Gesetzes, schön in roter Tinte und schwarz auf schönem Papier, von Hand gefertigt, gedruckt sein; und jedem Mann und jeder Frau, die du triffst, sei es auch nur, um mit ihnen zu essen oder zu trinken, ist das Gesetz zu geben. Dann werden sie die Gelegenheit haben, in dieser Segnung zu verweilen oder nicht; es macht keinen Unterschied. Tue dies schnell!

40. Doch das Werk des Kommentars? Dies ist leicht; und Hadit, in deinem Herzen brennend, wird deine Feder schnell und sicher führen.

41. In deiner Kaaba errichte ein Schreibhaus: all dies muß wohl und nach der Geschäfte Art getan werden.

42. Die Prüfungen sollst du selbst überwachen, ausgenommen nur die blinden. Weise niemanden zurück, doch wirst du die Verräter erkennen & vernichten. Ich bin Ra-Hoor-Khuit; und ich habe die Macht, meinen Diener zu beschützen. Erfolg ist dein Beweis: kämpfe nicht mit Worten: bekehre nicht: rede nicht zuviel! Jene, die versuchen dir eine Falle zu stellen, dich zu stürzen, sie greife ohne Erbarmen oder Mitleid an; & vernichte sie vollkommen. Flink wie eine getretene Schlange winde

dich und schlag zu! Sei du tödlicher noch als sie! Ihre Seelen zerre hinab in furchtbare Pein: lach ob ihrer Furcht: spei auf sie!

43. Die Scharlachrote Frau soll sich hüten! Wenn Mitleid und Bedauern und Sanftmut ihr Herz befallen; wenn sie mein Werk verläßt, um mit alter Süße zu spielen: dann wird meine Rache offenbar. Ich werde mir ihr Kind erschlagen: ich werde ihr Herz entfremden: ich werde sie ausstoßen von den Menschen: als eine verdorrende und verachtete Hure soll sie durch dunkle feuchte Straßen kriechen und Kälte und Hungers sterben.

44. Gleichwohl laß sie sich in Stolz erheben! Laß sie mir auf meinem Weg folgen! Laß sie das Werk der Verruchtheit wirken! Laß sie ihr Herz töten! Laß sie laut und ehebrecherisch sein! Laß sie sich mit Juwelen überhäufen, und reichen Gewändern, und laß sie schamlos sein vor allen Menschen!

45. Alsdann will ich sie zu den Zinnen der Macht erheben: alsdann will ich durch sie ein Kind zeugen, mächtiger als alle Könige der Erde. Mit Freude will ich sie erfüllen: durch meine Kraft soll sie sehen & zuschlagen in der Anbetung Nu's: Sie soll Hadit erlangen.

46. Ich bin der KriegsHerr der Vierziger; die Achtziger kauern vor mir & liegen darnieder. Ich will euch Sieg & Freude schenken: ich will in der Schlacht an euren Waffen sein, & ihr werdet frohlocken im Erschlagen.

Erfolg ist euer Beweis; Mut ist eure Rüstung; voran, voran, in meiner Kraft; & um nichts sollt ihr umkehren!

47. Dies Buch soll in alle Sprachen übersetzt werden: aber immer mit dem Original in der Handschrift des Tiers; denn in der Zufallsgestalt der Lettern und ihrer Stellung untereinander: darin liegen Geheimnisse, die kein Tier erahnen soll. Er soll sich nicht bemühen, es zu versuchen: da einer nach ihm kommt, von woher sage ich nicht, der den Schlüssel all des Ganzen entdecken wird. Alsdann ist diese gezogene Linie ein Schlüssel: alsdann ist auch dieser quadrierte Kreis in seinem Mißlingen ein Schlüssel. Und Abrahadabra. Sein Kind wird es sein, & dies seltsam. Möge er nicht danach suchen: denn dadurch allein kann er abfallen davon.

48. Nun ist dieses Mysterium der Lettern abgetan, und zu dem heiligeren Orte will ich übergehen.

49. Ich bin in einem geheimen vierfachen Wort, die Blasphemie wider alle Götter der Menschen.

50. Fluch ihnen! Fluch ihnen! Fluch ihnen!

51. Mit meinem Falkenkopf picke ich nach den Augen von Jesus, wie er da am Kreuze hängt.

52. Meine Schwingen schlage ich in das Gesicht

Mohammeds & blende ihn.

53. Mit meinen Klauen reiß ich das Fleisch des Inders und des Buddhisten, Mongolen und Din.

54. Bahlasti! Ompehda! Ich speie auf eure jämmerlichen Glaubensbekenntnisse.

55. Die unberührte Maria werde auf den Rädern zerrissen, um ihretwillen seien alle keuschen Frauen unter euch sämtlich verachtet!

56. Auch um der Schönheit und der Liebe willen!

57. Verachtet auch alle Feiglinge; Berufssöldner, die nicht zu kämpfen wagen, sondern spielen: alle Narren verachtet!

58. Doch die Kühnen und die Stolzen, die Königlichen und die Erhabenen: ihr seid Brüder!

59. Als Brüder kämpft!

60. Es gibt kein Gesetz außer Tu was du willst.

61. Da ist ein Ende dem Wort des Gottes, der auf dem Sitze Ra's gethront, das Gebälk der Seele erhellend.

62. Mir bringt Verehrung entgegen! zu mir kommt durch der Prüfung Qual, welche Seligkeit ist.

63. Der Narr liest dies Buch des Gesetzes, und seinen Kommentar; und er versteht es nicht.

64. Möge er die erste Prüfung bestehen, & es wird für ihn gleich Silber sein.

65. Nach der zweiten, wie Gold.

66. Nach der dritten, wie Steine aus kostbarem Wasser.

67. Nach der vierten, wie äußerste Funken des innersten Feuers.

68. Gleichwohl wird es allen schön erscheinen. Seine Feinde, die nicht so sprechen, sind bloße Lügner.

69. Da ist Erfolg.

70. Ich bin der Falken-Köpfige Herr des Schweigens &

der Stärke; mein Nemyss verhüllt den nacht-blauen Himmel.

71. Heil! Ihr Zwillingskrieger um die Säulen der Welt! denn eure Zeit ist bald gekommen.

72. Ich bin der Herr des Doppelstabes der Macht; der Stab der Macht von Coph Nia -- doch leer ist meine linke Hand, denn ich habe ein Universum zermalmt; & nichts bleibt.

73. Füge die Blätter von rechts nach links und von oben nach unten zusammen: dann sieh'!

74. Eine Pracht ist da in meinem Namen verborgen und strahlend, wie die Mitternachtssonne ewiglich der Sohn ist.

75. Das Ende der Worte ist das Wort Abrahadabra.
Das Buch des Gesetzes ist Geschrieben
und Verborgen.
Aum. Ha.

Kommentar

Tu was du willst, soll sein das Ganze des Gesetzes.
Das Studium dieses Buches ist verboten. Es ist weise,
dieses Exemplar nach dem ersten Lesen zu vernichten.
Wer immer dies nicht beachtet, tut dies auf eigenes
Risiko und eigene Gefahr. Diese sind außerordentlich
schrecklich.

Jene, welche die Inhalte dieses Buches diskutieren,
sollen von allen gemieden werden, wie Zentren der
Pestilenz.

Alle Fragen hinsichtlich des Gesetzes sind nur durch
Konsultieren meiner Schriften zu lösen, jedermann
einzeln für sich selbst.

Es gibt kein Gesetz außer Tu was du willst.

Liebe ist das Gesetz, Liebe unter Willen.

Der Priester der Prinzen

ANKH-F-N-KHONSU